Ce livre de gratitude appartient à

_____

_____

Aujourd'hui c'est: L   M   M   J   V   S   D   __ / __ / ____

C'est comme ça
que je me sens

Je suis reconnaissant pour

1. _____
2. _____
3. _____
4. _____

Cette personne m'a apporté le bonheur aujourd'hui

_____

C'est ma meilleure partie de cette journée!
(dessiner ou écrire)

Aujourd'hui c'est: L M M J V S D   __/__/____

C'est comme ça
que je me sens

Je suis reconnaissant pour

1. _____
2. _____
3. _____
4. _____

Cette personne m'a apporté le bonheur aujourd'hui

_____

C'est ma meilleure partie de cette journée!
(dessiner ou écrire)

Aujourd'hui c'est: L M M J V S D ___/___/_____

C'est comme ça
que je me sens

☺ ☺ ☺ ☹ ☹

Je suis reconnaissant pour

1. _____
2. _____
3. _____
4. _____

Cette personne m'a apporté le bonheur aujourd'hui

_____

C'est ma meilleure partie de cette journée!
(dessiner ou écrire)

Aujourd'hui c'est: L   M   M   ϑ   V   S   D   __ / __ / ____

C'est comme ça
que je me sens

Je suis reconnaissant pour

1. _____
2. _____
3. _____
4. _____

Cette personne m'a apporté le bonheur aujourd'hui

_____

C'est ma meilleure partie de cette journée!
(dessiner ou écrire)

Aujourd'hui c'est: L M M J V S D   __ / __ / ____

C'est comme ça
que je me sens

Je suis reconnaissant pour

1. _____
2. _____
3. _____
4. _____

Cette personne m'a apporté le bonheur aujourd'hui

_____

C'est ma meilleure partie de cette journée!
(dessiner ou écrire)

Aujourd'hui c'est: L   M   M   J   V   S   D   __ / __ / ____

C'est comme ça
que je me sens

Je suis reconnaissant pour

1. _____
2. _____
3. _____
4. _____

Cette personne m'a apporté le bonheur aujourd'hui

_____

C'est ma meilleure partie de cette journée!
(dessiner ou écrire)

Aujourd'hui c'est: L M M J V S O ___/___/_____

C'est comme ça
que je me sens

Je suis reconnaissant pour

1. _____
2. _____
3. _____
4. _____

Cette personne m'a apporté le bonheur aujourd'hui

_____

C'est ma meilleure partie de cette journée!

(dessiner ou écrire)

Aujourd'hui c'est: L   M   M   J   V   S   D   __ / __ / ____

C'est comme ça
que je me sens

Je suis reconnaissant pour

1. _____
2. _____
3. _____
4. _____

Cette personne m'a apporté le bonheur aujourd'hui

_____

C'est ma meilleure partie de cette journée!
(dessiner ou écrire)

Aujourd'hui c'est: L M M J V S D ___ / ___ / _____

C'est comme ça
que je me sens

Je suis reconnaissant pour

1. _____
2. _____
3. _____
4. _____

Cette personne m'a apporté le bonheur aujourd'hui

_____

C'est ma meilleure partie de cette journée!
(dessiner ou écrire)

Aujourd'hui c'est: L   M   M   J   V   S   D   ___ / ___ / _____

C'est comme ça
que je me sens

Je suis reconnaissant pour

1. _____
2. _____
3. _____
4. _____

Cette personne m'a apporté le bonheur aujourd'hui

_____

C'est ma meilleure partie de cette journée!
(dessiner ou écrire)

Aujourd'hui c'est: L M M J V S D   __ / __ / ____

C'est comme ça
que je me sens

Je suis reconnaissant pour

1. _____
2. _____
3. _____
4. _____

Cette personne m'a apporté le bonheur aujourd'hui

_____

C'est ma meilleure partie de cette journée!
(dessiner ou écrire)

Aujourd'hui c'est: L   M   M   J   V   S   D   __ / __ / ____

C'est comme ça
que je me sens

Je suis reconnaissant pour

1. _____
2. _____
3. _____
4. _____

Cette personne m'a apporté le bonheur aujourd'hui

_____

C'est ma meilleure partie de cette journée!
(dessiner ou écrire)

Aujourd'hui c'est: L   M   M   J   V   S   D   __ / __ / ____

C'est comme ça
que je me sens

Je suis reconnaissant pour

1. _____
2. _____
3. _____
4. _____

Cette personne m'a apporté le bonheur aujourd'hui

_____

C'est ma meilleure partie de cette journée!
(dessiner ou écrire)

Aujourd'hui c'est: L M M J V S D   __ / __ / ____

C'est comme ça
que je me sens

Je suis reconnaissant pour

1. _____
2. _____
3. _____
4. _____

Cette personne m'a apporté le bonheur aujourd'hui

_____

C'est ma meilleure partie de cette journée!
(dessiner ou écrire)

Aujourd'hui c'est: L   M   M   J   V   S   D   __ / __ / ____

C'est comme ça
que je me sens

Je suis reconnaissant pour

1. _____
2. _____
3. _____
4. _____

Cette personne m'a apporté le bonheur aujourd'hui

_____

C'est ma meilleure partie de cette journée!

(dessiner ou écrire)

Aujourd'hui c'est: L   M   M   J   V   S   D   __ / __ / ____

C'est comme ça
que je me sens

Je suis reconnaissant pour

1. _____
2. _____
3. _____
4. _____

Cette personne m'a apporté le bonheur aujourd'hui

_____

C'est ma meilleure partie de cette journée!
(dessiner ou écrire)

Aujourd'hui c'est: L M M J V S D __ / __ / ____

C'est comme ça
que je me sens

Je suis reconnaissant pour

1. _____
2. _____
3. _____
4. _____

Cette personne m'a apporté le bonheur aujourd'hui

_____

C'est ma meilleure partie de cette journée!
(dessiner ou écrire)

Aujourd'hui c'est: L M M J V S D   __ / __ / ____

C'est comme ça
que je me sens

Je suis reconnaissant pour

1. _____
2. _____
3. _____
4. _____

Cette personne m'a apporté le bonheur aujourd'hui

_____

C'est ma meilleure partie de cette journée!
(dessiner ou écrire)

Aujourd'hui c'est: L M M J V S D   __ / __ / ____

C'est comme ça
que je me sens

Je suis reconnaissant pour

1. _____
2. _____
3. _____
4. _____

Cette personne m'a apporté le bonheur aujourd'hui

_____

C'est ma meilleure partie de cette journée!
(dessiner ou écrire)

Aujourd'hui c'est: L   M   M   J   V   S   D   __ / __ / ____

C'est comme ça
que je me sens

Je suis reconnaissant pour

1. _____
2. _____
3. _____
4. _____

Cette personne m'a apporté le bonheur aujourd'hui

_____

C'est ma meilleure partie de cette journée!
(dessiner ou écrire)

Aujourd'hui c'est: L M M J V S D   __ / __ / ____

C'est comme ça
que je me sens

Je suis reconnaissant pour

1. _____
2. _____
3. _____
4. _____

Cette personne m'a apporté le bonheur aujourd'hui

_____

C'est ma meilleure partie de cette journée!
(dessiner ou écrire)

Aujourd'hui c'est: L M M J V S D __ / __ / ____

C'est comme ça
que je me sens

Je suis reconnaissant pour

1. _____
2. _____
3. _____
4. _____

Cette personne m'a apporté le bonheur aujourd'hui

_____

C'est ma meilleure partie de cette journée!
(dessiner ou écrire)

Aujourd'hui c'est: L   M   M   J   V   S   D   __/__/____

C'est comme ça
que je me sens

Je suis reconnaissant pour

1. _____
2. _____
3. _____
4. _____

Cette personne m'a apporté le bonheur aujourd'hui

_____

C'est ma meilleure partie de cette journée!
(dessiner ou écrire)

Aujourd'hui c'est: L   M   M   𝒥   V   𝒮   𝒪   __ / __ / ____

C'est comme ça
que je me sens

Je suis reconnaissant pour

1. _____
2. _____
3. _____
4. _____

Cette personne m'a apporté le bonheur aujourd'hui

_____

C'est ma meilleure partie de cette journée!
(dessiner ou écrire)

Aujourd'hui c'est: L M M J V S D   __ / __ / ____

C'est comme ça
que je me sens

Je suis reconnaissant pour

1. _____
2. _____
3. _____
4. _____

Cette personne m'a apporté le bonheur aujourd'hui

_____

C'est ma meilleure partie de cette journée!
(dessiner ou écrire)

Aujourd'hui c'est: L   M   M   J   V   S   D   __ / __ / ____

C'est comme ça
que je me sens

Je suis reconnaissant pour

1. _____
2. _____
3. _____
4. _____

Cette personne m'a apporté le bonheur aujourd'hui

_____

C'est ma meilleure partie de cette journée!
(dessiner ou écrire)

Aujourd'hui c'est: L   M   M   J   V   S   D   __ / __ / ____

C'est comme ça
que je me sens

Je suis reconnaissant pour

1. _____
2. _____
3. _____
4. _____

Cette personne m'a apporté le bonheur aujourd'hui

_____

C'est ma meilleure partie de cette journée!
(dessiner ou écrire)

Aujourd'hui c'est: L   M   M   J   V   S   D   __ / __ / ____

C'est comme ça
que je me sens

Je suis reconnaissant pour

1. _____
2. _____
3. _____
4. _____

Cette personne m'a apporté le bonheur aujourd'hui

_____

C'est ma meilleure partie de cette journée!
(dessiner ou écrire)

Aujourd'hui c'est: L M M J V S D   __ / __ / ____

C'est comme ça
que je me sens

Je suis reconnaissant pour

1. _____
2. _____
3. _____
4. _____

Cette personne m'a apporté le bonheur aujourd'hui

_____

C'est ma meilleure partie de cette journée!
(dessiner ou écrire)

Aujourd'hui c'est: L   M   M   J   V   S   D   __ / __ / ____

C'est comme ça
que je me sens

😊 😊 😐 😣 😟

Je suis reconnaissant pour

1. _____
2. _____
3. _____
4. _____

Cette personne m'a apporté le bonheur aujourd'hui

_____

C'est ma meilleure partie de cette journée!
(dessiner ou écrire)

Aujourd'hui c'est: L   M   M   J   V   S   D   __/__/____

C'est comme ça
que je me sens

Je suis reconnaissant pour

1. _____
2. _____
3. _____
4. _____

Cette personne m'a apporté le bonheur aujourd'hui

_____

C'est ma meilleure partie de cette journée!
(dessiner ou écrire)

Aujourd'hui c'est: L   M   M   J   V   S   D   __ / __ / ____

C'est comme ça
que je me sens

Je suis reconnaissant pour

1. _____
2. _____
3. _____
4. _____

Cette personne m'a apporté le bonheur aujourd'hui

_____

C'est ma meilleure partie de cette journée!
(dessiner ou écrire)

Aujourd'hui c'est: L   M   M   J   V   S   D   __/__/____

C'est comme ça
que je me sens

Je suis reconnaissant pour

1. _____
2. _____
3. _____
4. _____

Cette personne m'a apporté le bonheur aujourd'hui

_____

C'est ma meilleure partie de cette journée!
(dessiner ou écrire)

Aujourd'hui c'est: L   M   M   J   V   S   D   __ / __ / ____

C'est comme ça
que je me sens

Je suis reconnaissant pour

1. _____
2. _____
3. _____
4. _____

Cette personne m'a apporté le bonheur aujourd'hui

_____

C'est ma meilleure partie de cette journée!
(dessiner ou écrire)

Aujourd'hui c'est: L   M   M   J   V   S   D   __ / __ / ____

C'est comme ça
que je me sens

Je suis reconnaissant pour

1. _____
2. _____
3. _____
4. _____

Cette personne m'a apporté le bonheur aujourd'hui

_____

C'est ma meilleure partie de cette journée!
(dessiner ou écrire)

Aujourd'hui c'est: L   M   M   J   V   S   D   __/__/____

C'est comme ça
que je me sens

Je suis reconnaissant pour

1. _____
2. _____
3. _____
4. _____

Cette personne m'a apporté le bonheur aujourd'hui

_____

C'est ma meilleure partie de cette journée!
(dessiner ou écrire)

Aujourd'hui c'est: L   M   M   J   V   S   D   __ / __ / ____

C'est comme ça
que je me sens

Je suis reconnaissant pour

1. _____
2. _____
3. _____
4. _____

Cette personne m'a apporté le bonheur aujourd'hui

_____

C'est ma meilleure partie de cette journée!
(dessiner ou écrire)

Aujourd'hui c'est: L   M   M   J   V   S   D   __ / __ / ____

C'est comme ça
que je me sens

Je suis reconnaissant pour

1. _____
2. _____
3. _____
4. _____

Cette personne m'a apporté le bonheur aujourd'hui

_____

C'est ma meilleure partie de cette journée!
(dessiner ou écrire)

Aujourd'hui c'est: L M M J V S D   __ / __ / ____

C'est comme ça
que je me sens

Je suis reconnaissant pour

1. _____
2. _____
3. _____
4. _____

Cette personne m'a apporté le bonheur aujourd'hui

_____

C'est ma meilleure partie de cette journée!
(dessiner ou écrire)

Aujourd'hui c'est: L M M J V S D   __ / __ / ____

C'est comme ça
que je me sens

Je suis reconnaissant pour

1. _____
2. _____
3. _____
4. _____

Cette personne m'a apporté le bonheur aujourd'hui

_____

C'est ma meilleure partie de cette journée!
(dessiner ou écrire)

Aujourd'hui c'est: L   M   M   J   V   S   D   __ / __ / ____

C'est comme ça
que je me sens

Je suis reconnaissant pour

1. _____
2. _____
3. _____
4. _____

Cette personne m'a apporté le bonheur aujourd'hui

_____

C'est ma meilleure partie de cette journée!

(dessiner ou écrire)

Aujourd'hui c'est: L M M J V S D   __ / __ / ____

C'est comme ça
que je me sens

Je suis reconnaissant pour

1. _____
2. _____
3. _____
4. _____

Cette personne m'a apporté le bonheur aujourd'hui

_____

C'est ma meilleure partie de cette journée!
(dessiner ou écrire)

Aujourd'hui c'est: L   M   M   J   V   S   D   __/__/____

C'est comme ça
que je me sens

Je suis reconnaissant pour

1. _____
2. _____
3. _____
4. _____

Cette personne m'a apporté le bonheur aujourd'hui

_____

C'est ma meilleure partie de cette journée!
(dessiner ou écrire)

Aujourd'hui c'est: L   M   M   J   V   S   D   __/__/____

C'est comme ça
que je me sens

Je suis reconnaissant pour

1. _____
2. _____
3. _____
4. _____

Cette personne m'a apporté le bonheur aujourd'hui

_____

C'est ma meilleure partie de cette journée!
(dessiner ou écrire)

Aujourd'hui c'est: L   M   M   J   V   S   D   __/__/____

C'est comme ça
que je me sens

Je suis reconnaissant pour

1. _____
2. _____
3. _____
4. _____

Cette personne m'a apporté le bonheur aujourd'hui

_____

C'est ma meilleure partie de cette journée!
(dessiner ou écrire)

Aujourd'hui c'est: L   M   M   J   V   S   D   __ / __ / ____

C'est comme ça
que je me sens

Je suis reconnaissant pour

1. _____
2. _____
3. _____
4. _____

Cette personne m'a apporté le bonheur aujourd'hui

_____

C'est ma meilleure partie de cette journée!
(dessiner ou écrire)

Aujourd'hui c'est: L M M J V S O __/__/____

C'est comme ça
que je me sens

Je suis reconnaissant pour

1. _____
2. _____
3. _____
4. _____

Cette personne m'a apporté le bonheur aujourd'hui

_____

C'est ma meilleure partie de cette journée!
(dessiner ou écrire)

Aujourd'hui c'est: L M M J V S D   __ / __ / ____

C'est comme ça
que je me sens

Je suis reconnaissant pour

1. _____
2. _____
3. _____
4. _____

Cette personne m'a apporté le bonheur aujourd'hui

_____

C'est ma meilleure partie de cette journée!
(dessiner ou écrire)

Aujourd'hui c'est: L M M J V S D   __ / __ / ____

C'est comme ça
que je me sens

Je suis reconnaissant pour

1. _____
2. _____
3. _____
4. _____

Cette personne m'a apporté le bonheur aujourd'hui

_____

C'est ma meilleure partie de cette journée!
(dessiner ou écrire)

Aujourd'hui c'est: L   M   M   J   V   S   D   __ / __ / ____

C'est comme ça
que je me sens

Je suis reconnaissant pour

1. _____
2. _____
3. _____
4. _____

Cette personne m'a apporté le bonheur aujourd'hui

_____

C'est ma meilleure partie de cette journée!
(dessiner ou écrire)

Aujourd'hui c'est: L M M J V S D   __ / __ / ____

C'est comme ça
que je me sens

Je suis reconnaissant pour

1. _____
2. _____
3. _____
4. _____

Cette personne m'a apporté le bonheur aujourd'hui

_____

C'est ma meilleure partie de cette journée!
(dessiner ou écrire)

Aujourd'hui c'est: L   M   M   J   V   S   D   __ / __ / ____

C'est comme ça
que je me sens

Je suis reconnaissant pour

1. _____
2. _____
3. _____
4. _____

Cette personne m'a apporté le bonheur aujourd'hui

_____

C'est ma meilleure partie de cette journée!
(dessiner ou écrire)

Aujourd'hui c'est: L M M J V S D __ / __ / ____

C'est comme ça
que je me sens

Je suis reconnaissant pour

1. _____
2. _____
3. _____
4. _____

Cette personne m'a apporté le bonheur aujourd'hui

_____

C'est ma meilleure partie de cette journée!
(dessiner ou écrire)

Aujourd'hui c'est: L   M   M   J   V   S   D   __ / __ / ____

C'est comme ça
que je me sens

Je suis reconnaissant pour

1. _____
2. _____
3. _____
4. _____

Cette personne m'a apporté le bonheur aujourd'hui

_____

C'est ma meilleure partie de cette journée!
(dessiner ou écrire)

Aujourd'hui c'est: L M M J V S O __/__/____

C'est comme ça
que je me sens

Je suis reconnaissant pour

1. _____
2. _____
3. _____
4. _____

Cette personne m'a apporté le bonheur aujourd'hui

_____

C'est ma meilleure partie de cette journée!

(dessiner ou écrire)

Aujourd'hui c'est: L   M   M   J   V   S   D   __ / __ / ____

C'est comme ça
que je me sens

Je suis reconnaissant pour

1. _____
2. _____
3. _____
4. _____

Cette personne m'a apporté le bonheur aujourd'hui

_____

C'est ma meilleure partie de cette journée!
(dessiner ou écrire)

Aujourd'hui c'est: L   M   M   J   V   S   D   __/__/____

C'est comme ça
que je me sens

Je suis reconnaissant pour

1. _____
2. _____
3. _____
4. _____

Cette personne m'a apporté le bonheur aujourd'hui

_____

C'est ma meilleure partie de cette journée!

(dessiner ou écrire)

Aujourd'hui c'est: L   M   M   J   V   S   D   __ / __ / ____

C'est comme ça
que je me sens

Je suis reconnaissant pour

1. _____
2. _____
3. _____
4. _____

Cette personne m'a apporté le bonheur aujourd'hui

_____

C'est ma meilleure partie de cette journée!
(dessiner ou écrire)

Aujourd'hui c'est: L   M   M   J   V   S   D   __/__/____

C'est comme ça
que je me sens

Je suis reconnaissant pour

1. _____
2. _____
3. _____
4. _____

Cette personne m'a apporté le bonheur aujourd'hui

_____

C'est ma meilleure partie de cette journée!
(dessiner ou écrire)

Aujourd'hui c'est: L M M J V S D   __/__/____

C'est comme ça
que je me sens

☺ ☺ ☺ ☹ ☹

Je suis reconnaissant pour

1. _____
2. _____
3. _____
4. _____

Cette personne m'a apporté le bonheur aujourd'hui

_____

C'est ma meilleure partie de cette journée!
(dessiner ou écrire)

Aujourd'hui c'est: L   M   M   J   V   S   D   __ / __ / ____

C'est comme ça
que je me sens

Je suis reconnaissant pour

1. _____
2. _____
3. _____
4. _____

Cette personne m'a apporté le bonheur aujourd'hui

_____

C'est ma meilleure partie de cette journée!
(dessiner ou écrire)

Aujourd'hui c'est: L   M   M   J   V   S   D   __ / __ / ____

C'est comme ça
que je me sens

Je suis reconnaissant pour

1. _____
2. _____
3. _____
4. _____

Cette personne m'a apporté le bonheur aujourd'hui

_____

C'est ma meilleure partie de cette journée!
(dessiner ou écrire)

Aujourd'hui c'est: L   M   M   J   V   S   D   __ / __ / ____

C'est comme ça
que je me sens

Je suis reconnaissant pour

1. _____
2. _____
3. _____
4. _____

Cette personne m'a apporté le bonheur aujourd'hui

_____

C'est ma meilleure partie de cette journée!
(dessiner ou écrire)

Aujourd'hui c'est: L   M   M   J   V   S   D   __ / __ / ____

C'est comme ça
que je me sens

Je suis reconnaissant pour

1. _____
2. _____
3. _____
4. _____

Cette personne m'a apporté le bonheur aujourd'hui

_____

C'est ma meilleure partie de cette journée!
(dessiner ou écrire)

Aujourd'hui c'est: L M M J V S D   __ / __ / ____

C'est comme ça
que je me sens

Je suis reconnaissant pour

1. _____
2. _____
3. _____
4. _____

Cette personne m'a apporté le bonheur aujourd'hui

_____

C'est ma meilleure partie de cette journée!

(dessiner ou écrire)

Aujourd'hui c'est: L M M J V S D   __ / __ / ____

C'est comme ça
que je me sens

Je suis reconnaissant pour

1. _____
2. _____
3. _____
4. _____

Cette personne m'a apporté le bonheur aujourd'hui

_____

C'est ma meilleure partie de cette journée!
(dessiner ou écrire)

Aujourd'hui c'est: L M M J V S D __/__/____

C'est comme ça
que je me sens

Je suis reconnaissant pour

1. _____
2. _____
3. _____
4. _____

Cette personne m'a apporté le bonheur aujourd'hui

_____

C'est ma meilleure partie de cette journée!
(dessiner ou écrire)

Aujourd'hui c'est: L   M   M   J   V   S   D   __ / __ / ____

C'est comme ça
que je me sens

Je suis reconnaissant pour

1. _____
2. _____
3. _____
4. _____

Cette personne m'a apporté le bonheur aujourd'hui

_____

C'est ma meilleure partie de cette journée!
(dessiner ou écrire)

Aujourd'hui c'est: L   M   M   J   V   S   D   __ / __ / ____

C'est comme ça
que je me sens

Je suis reconnaissant pour

1. _____
2. _____
3. _____
4. _____

Cette personne m'a apporté le bonheur aujourd'hui

_____

C'est ma meilleure partie de cette journée!
(dessiner ou écrire)

Aujourd'hui c'est: L   M   M   J   V   S   D   __ / __ / ____

C'est comme ça
que je me sens

Je suis reconnaissant pour

1. _____
2. _____
3. _____
4. _____

Cette personne m'a apporté le bonheur aujourd'hui

_____

C'est ma meilleure partie de cette journée!
(dessiner ou écrire)

Aujourd'hui c'est: L   M   M   J   V   S   D   __/__/____

C'est comme ça
que je me sens

Je suis reconnaissant pour

1. _____
2. _____
3. _____
4. _____

Cette personne m'a apporté le bonheur aujourd'hui

_____

C'est ma meilleure partie de cette journée!
(dessiner ou écrire)

Aujourd'hui c'est: L M M J V S D   __ / __ / ____

C'est comme ça
que je me sens

Je suis reconnaissant pour

1. _____
2. _____
3. _____
4. _____

Cette personne m'a apporté le bonheur aujourd'hui

_____

C'est ma meilleure partie de cette journée!
(dessiner ou écrire)

Aujourd'hui c'est: L   M   M   J   V   S   D   __ / __ / ____

C'est comme ça
que je me sens

Je suis reconnaissant pour

1. _____
2. _____
3. _____
4. _____

Cette personne m'a apporté le bonheur aujourd'hui

_____

C'est ma meilleure partie de cette journée!
(dessiner ou écrire)

Aujourd'hui c'est: L   M   M   J   V   S   D   __ / __ / ____

C'est comme ça
que je me sens

Je suis reconnaissant pour

1. _____
2. _____
3. _____
4. _____

Cette personne m'a apporté le bonheur aujourd'hui

_____

C'est ma meilleure partie de cette journée!
(dessiner ou écrire)

Aujourd'hui c'est: L   M   M   J   V   S   D   __/__/____

C'est comme ça
que je me sens

Je suis reconnaissant pour

1. _____
2. _____
3. _____
4. _____

Cette personne m'a apporté le bonheur aujourd'hui

_____

C'est ma meilleure partie de cette journée!
(dessiner ou écrire)

Aujourd'hui c'est: L M M J V S D ___ / ___ / _____

C'est comme ça
que je me sens

Je suis reconnaissant pour

1. _____
2. _____
3. _____
4. _____

Cette personne m'a apporté le bonheur aujourd'hui

_____

C'est ma meilleure partie de cette journée!
(dessiner ou écrire)

Aujourd'hui c'est: L   M   M   J   V   S   D   __ / __ / ____

C'est comme ça
que je me sens

Je suis reconnaissant pour

1. _____
2. _____
3. _____
4. _____

Cette personne m'a apporté le bonheur aujourd'hui

_____

C'est ma meilleure partie de cette journée!
(dessiner ou écrire)

Aujourd'hui c'est: L M M J V S D   __ / __ / ____

C'est comme ça
que je me sens

Je suis reconnaissant pour

1. _____
2. _____
3. _____
4. _____

Cette personne m'a apporté le bonheur aujourd'hui

_____

C'est ma meilleure partie de cette journée!
(dessiner ou écrire)

Aujourd'hui c'est: L   M   M   J   V   S   D   __ / __ / ____

C'est comme ça
que je me sens

Je suis reconnaissant pour

1. _____
2. _____
3. _____
4. _____

Cette personne m'a apporté le bonheur aujourd'hui

_____

C'est ma meilleure partie de cette journée!
(dessiner ou écrire)

Aujourd'hui c'est: L   M   M   J   V   S   D   __ / __ / ____

C'est comme ça
que je me sens

Je suis reconnaissant pour

1. _____
2. _____
3. _____
4. _____

Cette personne m'a apporté le bonheur aujourd'hui

_____

C'est ma meilleure partie de cette journée!
(dessiner ou écrire)

Aujourd'hui c'est: L M M J V S D __/__/____

C'est comme ça
que je me sens

Je suis reconnaissant pour

1. _____
2. _____
3. _____
4. _____

Cette personne m'a apporté le bonheur aujourd'hui

_____

C'est ma meilleure partie de cette journée!
(dessiner ou écrire)

Aujourd'hui c'est: L   M   M   J   V   S   D   __ / __ / ____

C'est comme ça
que je me sens

Je suis reconnaissant pour

1. _____
2. _____
3. _____
4. _____

Cette personne m'a apporté le bonheur aujourd'hui

_____

C'est ma meilleure partie de cette journée!
(dessiner ou écrire)

Aujourd'hui c'est: L   M   M   J   V   S   D   __/__/____

C'est comme ça
que je me sens

Je suis reconnaissant pour

1. _____
2. _____
3. _____
4. _____

Cette personne m'a apporté le bonheur aujourd'hui

_____

C'est ma meilleure partie de cette journée!
(dessiner ou écrire)

Aujourd'hui c'est: L M M J V S D   __ / __ / ____

C'est comme ça
que je me sens

Je suis reconnaissant pour

1. _____
2. _____
3. _____
4. _____

Cette personne m'a apporté le bonheur aujourd'hui

_____

C'est ma meilleure partie de cette journée!
(dessiner ou écrire)

Aujourd'hui c'est: L   M   M   J   V   S   D   __ / __ / ____

C'est comme ça
que je me sens

Je suis reconnaissant pour

1. _____
2. _____
3. _____
4. _____

Cette personne m'a apporté le bonheur aujourd'hui

_____

C'est ma meilleure partie de cette journée!
(dessiner ou écrire)

Aujourd'hui c'est: L M M J V S O ___/___/_____

C'est comme ça
que je me sens

😊 😊 😐 😣 😞

Je suis reconnaissant pour

1. _____
2. _____
3. _____
4. _____

Cette personne m'a apporté le bonheur aujourd'hui

_____

C'est ma meilleure partie de cette journée!
(dessiner ou écrire)

Aujourd'hui c'est: L M M J V S D   __ / __ / ____

C'est comme ça
que je me sens

Je suis reconnaissant pour

1. _____
2. _____
3. _____
4. _____

Cette personne m'a apporté le bonheur aujourd'hui

_____

C'est ma meilleure partie de cette journée!
(dessiner ou écrire)

Aujourd'hui c'est: L M M J V S D   __ / __ / ____

C'est comme ça
que je me sens

Je suis reconnaissant pour

1. _____
2. _____
3. _____
4. _____

Cette personne m'a apporté le bonheur aujourd'hui

_____

C'est ma meilleure partie de cette journée!
(dessiner ou écrire)

Aujourd'hui c'est: L M M J V S D   __ / __ / ____

C'est comme ça
que je me sens

Je suis reconnaissant pour

1. _____
2. _____
3. _____
4. _____

Cette personne m'a apporté le bonheur aujourd'hui

_____

C'est ma meilleure partie de cette journée!
(dessiner ou écrire)

Aujourd'hui c'est: L   M   M   J   V   S   D   __ / __ / ____

C'est comme ça
que je me sens

Je suis reconnaissant pour

1. _____
2. _____
3. _____
4. _____

Cette personne m'a apporté le bonheur aujourd'hui

_____

C'est ma meilleure partie de cette journée!
(dessiner ou écrire)

Aujourd'hui c'est: L M M J V S D ___ / ___ / _____

C'est comme ça
que je me sens

Je suis reconnaissant pour

1. _____
2. _____
3. _____
4. _____

Cette personne m'a apporté le bonheur aujourd'hui

_____

C'est ma meilleure partie de cette journée!
(dessiner ou écrire)

Aujourd'hui c'est: L M M J V S D __ / __ / ____

C'est comme ça
que je me sens

Je suis reconnaissant pour

1. _____
2. _____
3. _____
4. _____

Cette personne m'a apporté le bonheur aujourd'hui

_____

C'est ma meilleure partie de cette journée!
(dessiner ou écrire)

Aujourd'hui c'est: L M M J V S O ___/___/____

C'est comme ça
que je me sens

Je suis reconnaissant pour

1. _____
2. _____
3. _____
4. _____

Cette personne m'a apporté le bonheur aujourd'hui

_____

C'est ma meilleure partie de cette journée!
(dessiner ou écrire)

Aujourd'hui c'est: L   M   M   J   V   S   D   __ / __ / ____

C'est comme ça
que je me sens

Je suis reconnaissant pour

1. _____
2. _____
3. _____
4. _____

Cette personne m'a apporté le bonheur aujourd'hui

_____

C'est ma meilleure partie de cette journée!
(dessiner ou écrire)

Aujourd'hui c'est: L   M   M   J   V   S   D   __ / __ / ____

C'est comme ça
que je me sens

Je suis reconnaissant pour

1. _____
2. _____
3. _____
4. _____

Cette personne m'a apporté le bonheur aujourd'hui

_____

C'est ma meilleure partie de cette journée!
(dessiner ou écrire)

Aujourd'hui c'est: L   M   M   J   V   S   D   __ / __ / ____

C'est comme ça
que je me sens

Je suis reconnaissant pour

1. _____
2. _____
3. _____
4. _____

Cette personne m'a apporté le bonheur aujourd'hui

_____

C'est ma meilleure partie de cette journée!
(dessiner ou écrire)

Aujourd'hui c'est: L M M J V S D   __ / __ / ____

C'est comme ça
que je me sens

Je suis reconnaissant pour

1. _____
2. _____
3. _____
4. _____

Cette personne m'a apporté le bonheur aujourd'hui

_____

C'est ma meilleure partie de cette journée!
(dessiner ou écrire)

Aujourd'hui c'est: L   M   M   J   V   S   D   __ / __ / ____

C'est comme ça
que je me sens

Je suis reconnaissant pour

1. _____
2. _____
3. _____
4. _____

Cette personne m'a apporté le bonheur aujourd'hui

_____

C'est ma meilleure partie de cette journée!
(dessiner ou écrire)

Aujourd'hui c'est: L M M J V S D __ / __ / ____

C'est comme ça
que je me sens

Je suis reconnaissant pour

1. _____
2. _____
3. _____
4. _____

Cette personne m'a apporté le bonheur aujourd'hui

_____

C'est ma meilleure partie de cette journée!
(dessiner ou écrire)

Aujourd'hui c'est: L M M J V S D   __/__/____

C'est comme ça
que je me sens

Je suis reconnaissant pour

1. _____
2. _____
3. _____
4. _____

Cette personne m'a apporté le bonheur aujourd'hui

_____

C'est ma meilleure partie de cette journée!
(dessiner ou écrire)

Aujourd'hui c'est: L   M   M   J   V   S   D   ___ / ___ / _____

C'est comme ça
que je me sens

Je suis reconnaissant pour

1. _____
2. _____
3. _____
4. _____

Cette personne m'a apporté le bonheur aujourd'hui

_____

C'est ma meilleure partie de cette journée!
(dessiner ou écrire)

Aujourd'hui c'est: L   M   M   J   V   S   O   __ / __ / ____

C'est comme ça
que je me sens

Je suis reconnaissant pour

1. _____
2. _____
3. _____
4. _____

Cette personne m'a apporté le bonheur aujourd'hui

_____

C'est ma meilleure partie de cette journée!
(dessiner ou écrire)

Aujourd'hui c'est: L M M J V S D   __ / __ / ____

C'est comme ça
que je me sens

Je suis reconnaissant pour

1. _____
2. _____
3. _____
4. _____

Cette personne m'a apporté le bonheur aujourd'hui

_____

C'est ma meilleure partie de cette journée!
(dessiner ou écrire)

Aujourd'hui c'est: L   M   M   J   V   S   D   __ / __ / ____

C'est comme ça
que je me sens

Je suis reconnaissant pour

1. _____
2. _____
3. _____
4. _____

Cette personne m'a apporté le bonheur aujourd'hui

_____

C'est ma meilleure partie de cette journée!
(dessiner ou écrire)

Aujourd'hui c'est: L   M   M   J   V   S   D   __ / __ / ____

C'est comme ça
que je me sens

Je suis reconnaissant pour

1. _____
2. _____
3. _____
4. _____

Cette personne m'a apporté le bonheur aujourd'hui

_____

C'est ma meilleure partie de cette journée!
(dessiner ou écrire)

Aujourd'hui c'est: L   M   M   J   V   S   D   __ / __ / ____

C'est comme ça
que je me sens

Je suis reconnaissant pour

1. _____
2. _____
3. _____
4. _____

Cette personne m'a apporté le bonheur aujourd'hui

_____

C'est ma meilleure partie de cette journée!
(dessiner ou écrire)

Aujourd'hui c'est: L   M   M   J   V   S   D   __/__/____

C'est comme ça
que je me sens

Je suis reconnaissant pour

1. _____
2. _____
3. _____
4. _____

Cette personne m'a apporté le bonheur aujourd'hui

_____

C'est ma meilleure partie de cette journée!
(dessiner ou écrire)

Veuillez laisser votre avis sur Amazon pour nous faire savoir comment trouvez-vous ce livre, et l'améliorer pour vous. N'oubliez pas de garder le sourire sur votre visage ☺

Made in the USA
Monee, IL
16 December 2021

85933527R00063